ひろみち & たにぞうの プレミアム運動会!

| P.2 制作アイデア | P.10 入場行進&閉会式アイデア | P.13 ダンス | P.25 競技 | P.51 ピアノ |

世界文化社

作って盛り上げよう！① プレミアムフラッグ

会場を彩るフラッグのアイデアを集めました。あると華やぐ「クラスの旗」もぜひ！

マスキングテープで簡単！ おしゃれ三角フラッグ

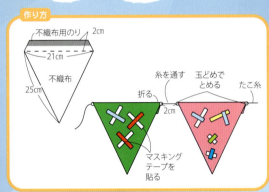

作り方

不織布用のり　2cm
21cm
不織布
25cm
糸を通す　折る　玉どめでとめる　たこ糸
2cm
マスキングテープを貼る

筆で自由に描こう！ みんなのフラッグ

作り方

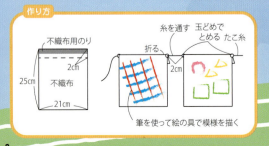

不織布用のり　2cm
25cm　不織布　21cm
糸を通す　折る　玉どめでとめる　たこ糸
2cm
筆を使って絵の具で模様を描く

小花模様みたいで素敵！
野菜スタンプのフラッグ

作り方

- 不織布用のり
- 25cm / 21cm / 2cm
- 不織布
- 糸を通す
- 玉どめでとめる
- たこ糸
- 折る
- 2cm
- 野菜の切り口にインクをつけてスタンプする

\わたしが作った旗！/
\スタンプしたよ/

旗立てを用意しておくと安心！

振って応援しよう！
みんなのクラスの旗

クラスの旗を作ろう！

フレーッ！フレーッ！

\がんばれ〜！/

作り方

●旗
- 新聞紙で形を作る
- 折り紙で包む
- 差し込んでボンドでとめる
- 不織布（裏）テープでとめる
- キラキラテープを貼る
- 不織布を切って貼る
- 45cm
- 60cm
- 110cm

●旗立て
- 段ボールに色画用紙を貼り形を作る
- 紙管にキラキラテープを巻く
- 中に水を入れたペットボトルを入れる
- 23cm / 5cm角の穴
- 30cm / 37cm

作って盛り上げよう！② プレミアムメダル＆カップ

運動会の締めくくりには、この日のために一生懸命に練習した子どもたちに「おめでとう」の記念品を！

🚩 コンパクト形メダル

写真と名前を入れてオンリーワン！

🚩 リボンのロゼット形メダル

フリルがかわいい！

🚩 テトラ形メダル

小さなプレゼントが入るよ！

🚩 ペットボトルのクリアメダル

小さく中で紙片が動いてきれい！

作り方

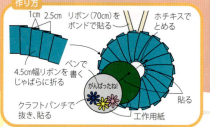

▶ ラインストーンつき スクエアメダル

デコシールでもOK♥

▶ 紙粘土の 型抜きメダル

抜き型で簡単!!

▶ 折り紙の ロゼット形メダル

紙テープでも作れる！

優勝カップで盛り上がろう！

がんばりました！
ありがとう！
やったー！

▶ ペットボトルの 優勝カップ

作って盛り上げよう！③ プレミアム競技アイテム ★★★

子どもたちの気持ちを盛り上げて、さらに保護者の目にも楽しい「なりきりアイテム」。簡単にできる制作アイデアをご紹介します。

競技 P.30 2歳児 親子
こねこのお散歩

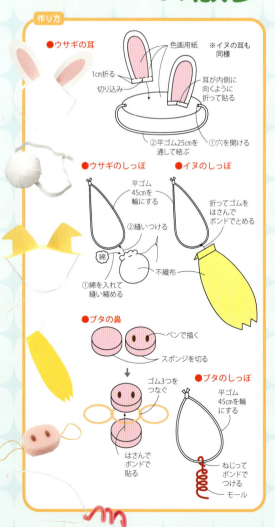

競技 P.34 3歳児 個人
どの動物が好き？

CD 7 ダンス P.22 楽譜 P.60
BGM にゃ〜お

作って盛り上げよう！④ プレミアム鳴りもの

★★★ 型紙 P.70

入場行進やダンス、
応援合戦などに使える鳴りものです。
身近な素材でかんたんに作れて、
メンテナンスも楽勝！

紙コップたいこ

小さな紙コップは持ちやすく、小さくても大きな音が響きます。

タン！タン！

バチは落とさないようにひもで取り付けて。

カップめんたいこ

カップめんの空き容器は大だいこになります。首からぶら下げて両手でたたきましょう。

トン！トン！

バチ2本と首から下げるためのリボンを取り付けて。

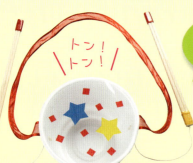
あか組の応援団よ！

アンクルベル

足踏みのたびにいい音が鳴るので、入場行進やダンスにGOOD！

リン！リン！

ずり落ちないようにゴムの長さを調節して、靴下の上にはめる。

キャップカスタネット

牛乳パックとペットボトルのふたで作るカスタネット。高い音でよく鳴ります。

カン！カン！

牛乳パックの大きさと、ゴムの位置は、子どもの手の大きさに合わせて調節。

ペットボトルギロ

ペットボトルの凹凸をバチでこすると、ギロのようないい音が！

ギロギロ
ゲコゲコ

凹凸の多いペットボトルを選んで。

ペットボトルマラカス

派手な音がするマラカス。中に入れるビーズやボタンで見た目もかわいらしく。

カラカラ
ジャラジャラ

ヨーグルトドリンクの空き容器は、胴部分をにぎって持つ。

キャップを3個つなげて持ち手を長くすると持ちやすい。

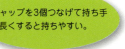

手作り楽器の作り方

鳴りものの装飾   型紙 P.70

紙コップたいこ

カップめんたいこ

（※1）バチの作り方

（※2）テープのシールの作り方

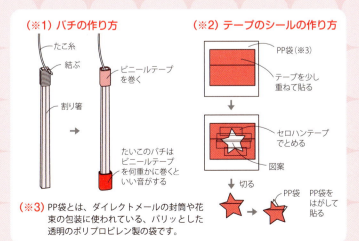

（※3）PP袋とは、ダイレクトメールの封筒や花束の包装に使われている、パリッとした透明のポリプロピレン製の袋です。

アンクルベル

キャップカスタネット

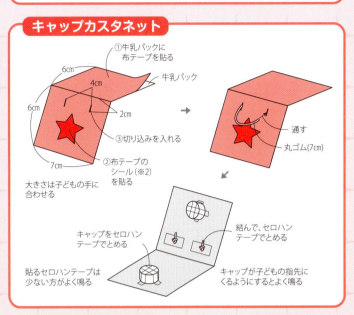

ペットボトルギロ

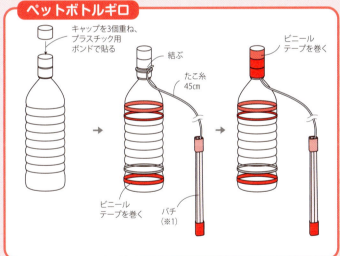

ペットボトルマラカス

今年はひと味ちがう！① プレミアム入場行進！

手作りのマイ楽器で堂々と入場！

足に鈴をつければ、行進するたびにかわいい音が鳴るよ♪

CD ● 12　楽譜 ● P.52　制作アイデア ● P.8

BGM 前をむいて ～楽器を持って行進ver.(バージョン)～

マラカスやたいこなど鳴りものを持って行進すれば、鼓笛隊と同じくらい華やかになります。
園児全員いっしょに、楽しく音を鳴らしながらの入場です！

用意するもの
鳴りもの（マラカス・たいこ・鈴などの打楽器。
8～9ページのような手作り楽器か、
100円ショップのおもちゃの楽器が軽くて便利）

リズムの例

リズムを合わせて鳴らすと、きびきびした行進に見える。少しの練習で大丈夫！

簡単！ ① ぜんぶ打ち

行進する足に合わせて「1・2・1・2」をぜんぶ打つ。簡単だけど、細かい音が出ない楽器だと少したいへん。小さいマラカスなら簡単に鳴らせるけれど、大きいマラカスは❷のリズムのほうが鳴らしやすい。

簡単！ ② おもて打ち

最初に出した足に合わせて打つ。「1・2・1・2」の「1」で打ち、「2」は休み。大きいマラカスやタンバリンなどは、休符があるこの打ち方のほうが落ち着いて鳴らせる。

がんばる！ ③ 変化のあるリズム

2小節で1パターンになっているリズム。ちょっと変化があるだけで、いっきに合奏っぽく聞こえる。普段からリズムあそびにこのリズムを取り入れておくと練習もスムーズに。

歌の最後をカッコよくキメよう！

うん　どう　かーい

1番～4番の最後は「♪うん・どう・かーい」の歌に合わせたリズムで打つとGOOD！「♪かーい」は楽器を連打して、大きな音で盛り上げよう！

CD 2　**楽譜 P.52**

BGM 前をむいて ～振り付けで行進ver.（バージョン）～

ワクワクドキドキの運動会。
足を踏み鳴らし、観客席に手を振りながら、元気に入場しよう！

〈1番〉これからはじまる ～ キラキラしている　　（ぼくた）ちは　ちいさ

行進開始。
観客席に手を振ってもいい

行進しながら、右手を内から外へ回し、
親指を立てて自分を指す

なヒーロー　わた　　　したちは　えがおの　　　　天使　　　　　前をむいてゆこう　胸を

左手も回して、
親指で自分を指す

両手を内から外に回して、
親指で自分を指す

両手の親指を立て、
自分に向けて3回指す

右手の人差し指で斜め上を指す。
左手は腰に

はってゆこう　顔あ　　　げて　足な　　　　らして　きょうは　　　　運

手を左右逆に

両手のひらを頭の上で
右・左に振る。(右・左)×2回

足を鳴らすように
力強く4歩

足を広げて止まり、
バンザイする

　　動　　　　　　　会　　　　　　間奏　　　　〈2番以降〉

足を閉じ、小さくなる

足を広げて立ち、
バンザイして手を振る

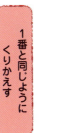
行進する

1番と同じようにくりかえす

★ **CD 2** CDマーク内の番号は、キングレコードより発売のCD「プレミアム運動会！」のトラックナンバーです。入場行進の曲「前をむいて」は、トラックナンバー2に振り付けで踊りながら行進するための曲、トラックナンバー12に楽器を持って行進するための曲が入っています。運動会プログラムの内容に合わせて適宜ご利用ください。CDに関する詳細は、72ページをご覧ください。

今年はひと味ちがう！② プレミアム閉会式

終わりの歌にセリフを入れて感動のフィナーレ！

閉会式の歌「ありがとう！」の間奏や後奏に、オリジナルのセリフを入れて、子どもたちの気持ちを伝えましょう。約10秒と短いので、ストレートな言葉が効果的です。

ケース1 たくさんお礼を言いたい！

> おとうさん　おかあさん
> おじいちゃん　おばあちゃん
> きょうはありがとうございました！

CD 11　楽譜 P.68
ありがとう！
作詞／谷口國博

ありがとう　ありがとう　こころから　ありがとう

おうえんに　きてくれて　ありがとう　おとうさん
おうえんに　きてくれて　ありがとう　おかあさん

このひのために　まいにちがんばってきたんだ
すこしおおきく　なったでしょう
すこしかっこよく　なったでしょう

ありがとう　おじいちゃん　かけごえを　ありがとう
ありがとう　おばあちゃん　こころから　ありがとう

間奏　約10秒

ありがとう　ありがとう　かけごえを　ありがとう
ありがとう　ありがとう　こころから　ありがとう

後奏　約10秒

ケース2 歌と終わりの言葉をセットに

> これで　ぼくたち　わたしたちの
> うんどうかいを　おわります！

ケース3 きっとあたたかい拍手が起こる！

> いっしょうけんめいがんばりました。
> ぼくたちのうんどうかい
> いかがでしたか？

ケース4 これがつぎのスタートだ!!

> ぼくたち　わたしたち
> これからも　げんきいっぱい
> がんばります！

★ (CD●12) CDマーク内の番号は、キングレコードより発売のCD「プレミアム運動会！」のトラックナンバーです。CDに関する詳細は、72ページをご覧ください。

全園児 準備体操 カピバラ天国

♪ CD 4 楽譜 P.54

前奏(8拍) / (8拍) / 〈1番〉だれ？ / だれ？ / だれ？ / (フー！)

- 前奏(8拍): きをつけしたまま ジャンプ8回
- (8拍): その場でジャンプしながら 時計回りに1周まわる
- 〈1番〉だれ？ A: 足を広げて腰を落とす。右手を上にしてひじをはり、手の甲を内側にして顔をかくす
- だれ？: 手を入れかえて 左手を上に
- だれ？: もう1度手を入れかえて 右手を上に
- (フー！): 顔を両手の上に出しながら ジャンプ

あたまに / トゲ / トゲ / ― / カピバラじゃないの / あたまにてぬぐい / ないじゃない / きいろいゆずに

a をくりかえす / b をくりかえす

- あたまに・トゲ a: 左を向いて 右足を後ろにはねあげ、両手で体にお湯をかけるしぐさ
- トゲ b: 両手、右足をおろす
- カピバラじゃないの: かけ足で 時計回りに1周する
- あたまにてぬぐい: 足を広げて立ち、右手は腰。左手を下から外回しして、頭の横に手のひらをあてる
- ないじゃない: ひざを曲げながら、手で首を右へ倒す
- きいろいゆずに: 左手を腰に。右手を下から外回しして、頭の横に手のひらをあてる

カピバラ / ― / おおがたネズミよ / (1拍)(カピ) / (バラ) / バラバラしてても ～ (カピバラ) / 間奏

- カピバラ: 右足を 右後ろに下げる
- ―: 左足を左後ろに下げて、元の位置へ
- おおがたネズミよ C: 倍の速さで ボックスステップ
- (1拍)(カピ): 右足を 左足にそろえる
- (バラ): 両手を顔の横に広げ、左足を後ろに曲げてポーズ
- バラバラしてても〜(カピバラ) B': Bを左右逆に。左足を右前に出して ボックスステップを始める
- 間奏: 前奏と同じ

潜水得意で いいじゃない / カピバラ 実はスペイン語 / カピバラ 温泉大好き / 寒さに 非常に弱いのよ / とぼけた顔して〜おおがたネズミよ(カピバラ) / おおがたネズミよ(カピバラ)

- 潜水得意でいいじゃない: 右足を右に出し、左足を後ろに上げて、バランスをとる。カピバラの手で平泳ぎのように宙をかく
- カピバラ実はスペイン語: 左足を左に出し、右足を後ろに上げて、バランスをとる。カピバラの手で平泳ぎのように宙をかく
- カピバラ温泉大好き: 右足を前に出し、左足を後ろに上げて、バランスをとる。カピバラの手で平泳ぎのように宙をかく
- 寒さに非常に弱いのよ: 左足を前に出し、右足を後ろに上げて、バランスをとる。カピバラの手で平泳ぎのように宙をかく
- とぼけた顔して〜: B B' をくりかえす
- おおがたネズミよ(カピバラ): C をくりかえす

とぼけた表情のカピバラは、運動神経バツグンなのだ！
カピバラになって体をあたためよう！

温泉	はいって	いるのは	ー	チク	チク

両手を横にのばし、右ひざを曲げて上半身を右に傾ける。リズムにのって2回小さく腕を上下させる／上半身をまっすぐに戻し、リズムにのって2回小さく腕を上下させる／左ひざを曲げて上半身を左へ傾けて、リズムにのって2回小さく腕を上下させる／上半身をまっすぐに戻し、リズムにのって2回小さく腕を上下させる／右を向いて左足を後ろにはねあげ、両手で体にお湯をかけるしぐさ／両手、左足をおろす

囲まれて	カピバラ温泉	なんじゃない	入場料は	サツマイモ	とぼけた	顔して

ひざを曲げながら、手で首を左に倒す／右手を腰に。左手を下から外回しして、頭の横に手のひらをあてる／ひざを曲げながら、左手を右斜め上へのばし、体を右へ倒す（体側のばし）／左手を腰に。右手を下から外回しして、頭の横に手のひらをあてる／ひざを曲げながら、右手を左斜め上へのばし、体を左へ倒す（体側のばし）／両手をカピバラの手にして顔の下へ。姿勢を低くして、ボックスステップを踏む。右足を左前へ出す／左足をクロスして右へ出す

〈2番〉だれ？だれ？だれ？〜カピバラじゃないの	眠そうな顔がいいじゃない	仲間にたくさん囲まれて	カピバラ温泉なんじゃない	にげあしめちゃめちゃはやいのよ	とぼけた顔して〜おおがたネズミよ（カピバラ）	間奏	〈3番〉だれ？だれ？だれ？〜カピバラじゃないの
Ⓐをくりかえす					ⒷⒷ'をくりかえす	前奏と同じ	Ⓐをくりかえす

足を広げて立ち、両手を腰に。首を右からぐるっとまわす／首を左からぐるっとまわす／両手をのばし、体を右から大きくまわす／体を左から大きくまわす

おおがたネズミよ（カピバラ）	おお	がた	ネズ	ー	ー	ミよ
Ⓒを左足から出す。左右逆に。						

右足を左前へ出す／左足をクロスして右前へ出す／右足を右後ろに下げる／左足を左後ろに下げて、元の位置へ／両手で顔をかくしながら集まる。全員でも、クラスごとでもOK／顔を手の上に出してポーズ

15

3歳児 ダンス   CD 5   楽譜 P.56
これっキリンだゾウ

{前奏(16拍)}　　{4拍}　　{4拍}　　{2拍}　　{2拍}　　{2拍}

A′
マサイの人のように
高くジャンプ、ジャンプ！
左手は腰に、右手は棒を持つように

A
足を広げて立ち、左手は腰に。
右手をキリンの首にして高くのばす。
顔は右手の先を見て、キリンになりきる

体を正面に向け、
右手をゾウの鼻にして
下にのばす

右手を腰に、
左手をキリンの首にして
左向きにキリンのポーズ

左手をゾウの鼻にして
ゾウのポーズ

足を閉じて
小さくなる

でっかいでっかい　　でっかいでっかい　　でっかいでっかい　　キリンですか？　　いいえそれは
でっかいのって　　　でっかいのって　　　でっかいのって

C
左手を腰に、
右手を横でぐるぐる4回まわす。
右足も合わせて4回踏む

右手を腰に、
左手を横でぐるぐる4回まわす。
左足も合わせて4回踏む

右足から4回足踏みしながら、
両手を横でぐるぐる4回まわす

右を向いて
キリンのポーズ

足を閉じ、腰を曲げ、
前に両手でバツをつくる

ゾウさんですか？　　でっかいでっかい　　ゾウさんですか？　　いいえそれは　　すべりだい(ひょえ～)　　これっキリンだゾウ　～
　　　　　　　　　　でっかいのって　～　　　　　　　　　　　　　　　　　　　　　　　　　　　　　　　　これっキリンだゾウ
　　　　　　　　　　でっかいでっかい
　　　　　　　　　　でっかいのって

左手を鼻にして
ゾウのポーズ

Cをくりかえす

右手を鼻にして
ゾウのポーズ

足を閉じ、腰を曲げ、
前に両手でバツをつくる

両手を前にのばし、
右足を前に出して、
のけぞり、すべり台の形に

すべり台のポーズで、
足を自由にはねあげながら
自由に動きまわる

クマさんですか？　　いいえそれは　　パパのひげ(ズコ)　　これっキリンだゾウ　～
　　　　　　　　　　　　　　　　　　　　　　　　　　　これっキリンだゾウ

右足を前に出して、
両手をガオーッと前に出す

足を閉じ、腰を曲げ、
前に両手でバツをつくる

まっすぐ立ち、両手でひげの形をつくり、
ひげをなでるように動かす

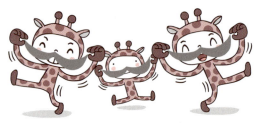
ひげのポーズをくりかえしながら、
足を前にはねあげ自由に動きまわる

動物園の人気者、キリンとゾウとクマにかっこよく変身！
……え？ キリンでもゾウでもクマでもないんだって!?

{2拍} この	〈1番〉でっかいでっかい	首の長いの	キリンですか？	このでっかいでっかい 首の長いの	キリンですか？

足をパッと開き、両手をクマの手にして顔の横に

B 両手を下からぐるっと内回し

両手をパーにして顔の横へ

右を向いてキリンのポーズ

Bをくりかえす

左を向いてキリンのポーズ

しんごうき（え！） | これっキリンだゾウ 〜 これっキリンだゾウ | 間奏 | 〈2番〉（この）でっかいでっかい 鼻の長いの | ゾウさんですか？ この | でっかいでっかい 鼻の長いの

まっすぐ立ち、両手を内回しして、頭の上へ

信号のポーズで、足を前にはねあげながら自由に動きまわる

Aをくりかえす

Bをくりかえす

右手を鼻にしてゾウのポーズ

Bをくりかえす

間奏{32拍} | {16拍} | 〈3番〉（この）でっかいでっかい 黒くてモジャモジャ | クマさんですか？この | でっかいでっかい 黒くてモジャモジャ | クマさんですか？ | でっかいでっかい でっかいのって 〜 でっかいでっかい でっかいのって

A'をくりかえす

Aをくりかえす

Bをくりかえす

右足を前に出して、両手をガオーッと前に出す

Bをくりかえす

左足を前に出して、両手をガオーッと前に出す

Cをくりかえす

これっキリンだゾウ 〜 これっキリンだゾウ | これっキリンだゾウ 〜 これっキリンだゾウ | 後奏

「しんごうき」の声で、信号機のポーズになって動きまわる

「すべりだい」の声で、すべり台のポーズになって動きまわる

Aをくりかえしてポーズ

4・5歳児 ダンス　CD◦6　楽譜◦P.58

まわせ！まわせ！

小物の用意

首にタオルをかけておく。落ちないようにヘアーゴムでとめて輪っか状にする

準備

しゃがんで待つ

前奏　GO！

A
〈ア〉足を開いて立ち、左手は腰に、右手をグーにして上へ突きあげる

GO！

〈イ〉立ちあがる

GO！
〈ア〉ジャンプして、しゃがむ

GO！
〈イ〉ジャンプして、しゃがむ

GO！
〈ウ〉ジャンプして、しゃがむ

空からも　宇宙からも

手はそのままに、両足で「パー」→「グー」を4回くりかえしながら、反時計回りにまわって左を向く

きみがわかるように
手の左右を替え、両足「パー」「グー」のまま時計回りに半周して右を向く

（ヘイ　ヘイ　ヘイ　ヘイ！）
足を閉じてジャンプしながら4回右手を突きあげる。左手は腰に

エネルギー　OK！
B
〈ア〉左足を前に出し、右手を後ろからぐるっと2回まわす

GO！

タオルを持った手を突きあげてジャンプ！

まわせ！まわせ！たかく

C
ジャンプをしながらタオルを頭の上でぐるぐるまわす。左手は腰に

（GO！GO！GO！GO！）
ジャンプをしながら左手を4回突きあげる。右手は腰に

まわせ！まわせ！たかく（GO！GO！GO！GO！）
C をくりかえす

間奏

かけ足で走りまわりながら、タオルを首にかける

〈2番〉
1番と同じ

間奏

隊列を替えたり、〈ア〉→〈イ〉→〈ウ〉の順番にタオルをまわすなど、自由に

3人ひと組で踊るよ。だれよりも高く、
だれよりも強く、タオルをまわそう！

GO！

〈ウ〉立ちあがる

Woo

足を閉じて小さくなる

WA！

足を開いて立ちあがり、右手を突きあげる

Woo　WA！

「WA！」で足を開いて立ちあがり、
右手を突きあげる

〈1番〉
（きみの）いばしょがわかるように

右手の人さし指で
左から右を指す

（イエイ！）

左手をグーにして突きあげる。
右手もグーでひじを曲げる

ぐるぐるまわせまわせ
（イエイ！）

「イエイ！」で右手を斜め上へのばし、
左手はひじを曲げて右手と一直線に

（OK！）

〈ア〉右手でガッツポーズ。左手は右手をおさえるように
〈イ〉最後に「オッケー！」と叫び、右手を突きあげて準備する
〈ウ〉いっしょに「オッケー！」と叫ぶ

ガソリンまんたん　OK！（OK！）

〈イ〉Bをくりかえす
〈ウ〉最後に「オッケー！」と叫び、右手を突きあげて準備する
〈ア〉いっしょに「オッケー！」と叫ぶ

こころのじゅんびは　OK！（OK！）

〈ウ〉Bをくりかえす
〈ア〉〈イ〉最後に「オッケー！」と叫ぶ

もちろんチャージは
OK！
スリー・トゥー・ワン！
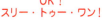

かけ足で走りまわりながら、
タオルを首からはずして
右手に持つ

〈3番〉

1番と同じ

まわせ！まわせ！
たかく　～
まわせ！まわせ！
たかく

Cを2回くりかえす

後奏{16拍}

かけ足で走りまわりながら、タオルを首にかける。
元の位置にもどり、しゃがんで待つ

{16拍}

Aをくりかえす

ラスト

右手を突きあげたままポーズ

3・4・5歳児 ダンス 🎵 CD ●9 楽譜 ● P.64
やっぱノリノリー！

やっぱノリノリー！
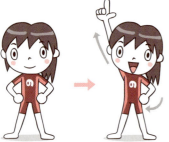
両手を腰にあてて待ち、「ノリノリー！」で右手でL字をつくり突きあげる

〈1番〉だいじなことはやっぱり

ひざを曲げ、好きな方向を向き、両手を顔の前に持ってきてポーズ

ノリでしょ

腕をのばし、ビームを出すように手のひらをひらひら動かす

からだもこころも

向きを変えて、ポーズ

おひさま

足を広げてひざを曲げ、脇を2回しめる

のひかり

両手を右斜め上へのばす

ひろがる

もどってひざを曲げ、脇を2回しめる

{2拍}

両手を上へ、左へのびる

ちきゅうの これが

両手を外回しにまわし、ガッツポーズ

ヨコノリ

左足に重心を移し、両手のひらを下向きに、指先を外に向ける

{2拍}

両手の指先で横を2回突く

タテノリヨコノリアオノリ

A をくりかえす

ー！

平泳ぎのように大きく両手をまわす

Woo！

足を閉じて、小さくなる

Z！

右を向き、左足をあげて、右手のL字を突きあげる

ノリまいて ノリにのって
右足でジャンプ、左足を軽く地面につけながら、8歩さがる。手はかいぐりする

ノリまいて まいてまいて

走るように両ひじを体の横で振りながら、体の向きを半周させて、左向きになる

まいてまいて

2回大きくかいぐりする

きょうは ハジケマース！

足を閉じて正面を向き、頭の上からかいぐりする。ひざを曲げて下までかいぐりをおろす

ももいろクローバーZの新プロジェクト「ももくろちゃんZ」とのコラボ曲！ ノリノリで踊ってね!!

ノリでしょ

腕をのばし、ビームを出すように手のひらを動かす

きれいなうみの

両手を広げ、右手をあげ左手をさげ、波にのるように小きざみに足踏みして右へ

なみにのって

手の上下を替えて、小きざみに左へ

パワフルはしゃいで

両手を真横にのばし、上体はそのままの位置で、小きざみに時計回りに足踏みする

ノリノリ

ひざを曲げ、ひじを体につけて両手を横に。左右に小さくツイストする

エネルギー

体を右向きに、左足を右足に寄せ、下向きにガッツポーズ

クジラもイルカも

ひざを曲げて4回ジャンプしながら、右手のこぶしを4回上下させる。左手のこぶしは体の後ろで下向きに

はじける

左を向いて、4回ジャンプしながら、左手のこぶしを4回上下させる。右手のこぶしは後ろで下向きに

タテノリ

足を開いて右足に重心をかけ、指をそろえた両手のひらを内向きに顔の横へ

ノリまいて　ノリにのって

体を後方へ傾け右足でジャンプ、左足を軽く地面につけながら、8歩前進。手はかいぐりする

ノリまいて

前に出した左足に重心をかけ前に乗りだして、両手を体の横で振ってツイストする

ジャジャジャ

大きく1回手を打つ

ジャーン

のけぞって左足をあげ、両手を体の横でバーに開く

（いぇい！）

右を向いて左足をあげ、右手のL字を突きあげる

間奏

かいぐりしながらぐるっと走る

〈2番〉

1番と同じ

ノリまいて 〜（いぇい！）

Bをくりかえす

ラスト

右を向いて左足をあげ、右手のL字を突きあげる

0・1・2歳児 親子あそび

にゃ〜お

CD●7　楽譜●P.60

〈前奏〉{16拍}	にゃんにゃんにゃんにゃんにゃ〜お	にゃんにゃんにゃんにゃんにゃ〜お	にゃん	にゃん
手拍子する	両手をネコの手にして顔の右に出す	ネコの手を顔の左に出す	右手をひと振りして顔の前に	左手もひと振りして顔の前に。両手で顔をかくす

しっぽふりふり	まねっこ みんなで	にゃんにゃんにゃん（にゃん！）	にゃーお	（にゃーお）	にゃんにゃんにゃん
両手を振りながら、おしりも振る	脇を4回パタパタする	両手を顔の前で3回振る	ここからまねっこあそび。ネコの手にした両手を左から円を描くように動かして右へ	子どもがまねる	両手を顔の左で3回振る

リズムにあわせてぽーん **D** をくりかえす	おててふりふり〜みんなで **C** をくりかえす	ぽんぽこぽん	ぽーん	（ぽーん）	ぽんぽこぽん	（ぽんぽこぽん）
		両手で3回おなかをたたく	両手でぽーんとおなかをたたく	子どもがまねる	右手・左手・右手の順に3回おなかをたたく	子どもがまねる

ぶーぶーぶー	ぶー	（ぶー）	ぶーぶーぶー	（ぶーぶーぶー）	ぶーぶーぶー
右手の人さし指で鼻を3回おさえる	右を向いて、右手で鼻をおさえる	子どもがまねる	左を向いて、左手の人さし指で3回鼻をおさえる	子どもがまねる	右を向いて、右手で2回鼻をおさえる

ぴょんぴょんぴょん	ぴょーん	（ぴょーん）	ぴょんぴょんぴょん	（ぴょんぴょんぴょん）
両手を耳にして頭の上にあて、3回指を曲げる	頭を右に傾けて、指を曲げる	子どもがまねる	頭を左に傾けて、指を3回曲げる	子どもがまねる

お父さんお母さんや先生のまねをして、かわいい動物になっちゃおう。小さい子は座ったままでもOK！

にゃん	〈1番〉（みんな）こねこでうたいましょう	（にゃお！）	リズムにあわせてにゃ〜お	おててふりふり
 両手を横に開いて、顔をパアと出す	 6回手拍子する	 両手を顔の前で振る	Bをくりかえす	 両手をパーにして右・左に振る。（右・左）×2回

（にゃんにゃんにゃん）	にゃんにゃんにゃん	にゃんにゃんにゃん	にゃんにゃんにゃん	（にゃんにゃんにゃん〜にゃんにゃんにゃん）	〈2番〉（つぎは）たぬきでうたいましょう（ぽん！）
子どもがまねる	両手を顔の右で2回振る	両手を顔の左で2回振る	両手を顔の前で3回振る	子どもがまねる	  6回手拍子し、「ぽん！」で両手をグーにしておなかをポーンとたたく

ぽんぽんぽん	ぽんぽんぽん	ぽんぽこぽん	（ぽんぽんぽん〜ぽんぽこぽん）	〈3番〉（つぎは）こぶたでうたいましょう（ぶー！）	リズムにあわせてぶー	おててふりふり〜みんなで
左手で2回おなかをたたく	右手で2回おなかをたたく	両手で3回おなかをたたく	子どもがまねる	6回手拍子し、「ぶー！」で右手の人さし指で鼻をおさえる	Eをくりかえす	Cをくりかえす

ぶーぶーぶー	ぶーぶーぶー	（ぶーぶーぶー〜ぶーぶーぶー）	〈4番〉（つぎは）うさぎでうたいましょう（ぴょん！）	リズムにあわせてぴょん	おててふりふり〜みんなで
左を向いて、左手で2回鼻をおさえる	正面を向いて、右手で3回鼻をおさえる	 子どもがまねる	 6回手拍子して、「ぴょん！」で両手を耳にして頭の上にあて、耳を折るように指を曲げる	Fをくりかえす	Cをくりかえす

ぴょんぴょんぴょん	ぴょんぴょんぴょん	ぴょんぴょんぴょん	（ぴょんぴょんぴょん〜ぴょんぴょんぴょん）	〈5番〉	にゃんにゃんにゃんにゃんにゃ〜お〜にゃんにゃんにゃ〜お
頭を右に傾けて、指を2回曲げる	頭を左に傾けて、指を2回曲げる	正面を向いて、指を3回曲げる	 子どもがまねる	1番と同じ	 Aをくりかえしてポーズ

全園児 ● 親子あそび
♪ CD ● 8　楽譜 ● P.62

ソーレソレソレ！

お囃子のリズムに乗り親子で踊ってあそぼう！

前奏

足を広げて立ち、両手で太鼓を打つまねをする。打つ手を下から上へ

〈1番〉きょうは

手のひらを外側に向けて、右手と右足を同時に右へ出す

みんなで

左足と左手を同時に左へ出す

おまつりだ

両手を内側にまわして横へ

まちに

両手両足をまっすぐのばしたまま、右足ケンケン2回

まった

左足ケンケン2回

おまつりだ
ⓐをくりかえす

たいこたたいて〜ふえをふいて
Ⓐをくりかえす

ぴ〜ひゃらら〜

両手をのばしたまま、かけ足で時計回りに1周して、向かい合う

ハッピきがえて

親子でハイタッチ

はちまきまいて

もう一度ハイタッチ

ソーレソレソレ

おなかでタッチ

ひきだいこ

おしりでタッチ

ぼくもわたしも　きょうは主役
【屋外】　【室内】

子どもは親の手首を両手でつかむ。室内でおこなうときは、子どもは体操ずわりをし、ひざの下で足を支えもって準備。親が子どもの足首をそろえて持つ

ソーレソレソレ 〜 ひきだいこ
【屋外】　【室内】

子どもが親をひっぱって力くらべ。室内では、親が子どもの足首を持って引き、引き車をする

間奏

前奏と同じ

〈2番〉きょうはみんなで〜まとあてだ
Ⓐ Ⓐ Ⓑをくりかえす

ぼくもわたしも　きょうは主役

背中合わせに立ち、腕を組んで待つ

ソーレソレソレ 〜 まとあてだ

向かい合い、親が出す手のひらにタッチする。親は、届くか届かないかの高さに手を出したり、横のほうに出したりして、子どもにチャレンジさせる

間奏

前奏と同じ

〈3番〉きょうはみんなで〜おみこしだ
Ⓐ Ⓐ Ⓑをくりかえす

ぼくもわたしも　きょうは主役

親は子どもを背負う。小さな子は肩車でもいい。保護者が2人いるときは、2人でお互いに手首を持っておみこしをつくり、子どもをまたがせる

ソーレソレソレ 〜 おみこしだ

おんぶや肩車、おみこしで歩きまわる

後奏
前奏と同じ

ラスト（ヤー！）

向かい合って立ち、顔を正面に、両手を横にのばしてポーズ

5歳児 ● なわとび披露　BGM ♪ まじめ忍者！（インストver.）　CD ● 13　楽譜 ● P.63

忍者のなわとび修行

用意するもの　なわとびのなわ

準備

なわを4つ折りにして地面に置き、しゃがんで用意

前奏「わたくし　まじめな」

両手でなわを持ち、下から上へあげながら立つ

「にんじゃでござる」

なわをぴんと張ったまま、両腕を左後ろへのばす

〈1番〉 8拍

A

両腕をのばしたまま、その場で走る

4拍

足を開いて立ち、腕を大きく回す

16拍

なわをのばして、なわとびの準備

24拍

なわとびをする。とべるとび方で自由に

4拍（にんじゃのしゅぎょうは）

なわをまとめて持つ。保育者が**「にんじゃの しゅぎょうは」**と声をかける

4拍（エブリデイ！）

エブリデイ！

全員で**「エブリデイ！」**と声をあげながら、なわを投げる

じょうずになったなわとびをみんなに見てもらおう。自分のできるとび方でとんでね。

| 4拍 | 16拍 | 8拍 | 4拍 | 12拍 |

腕をもう一度回して、右後ろへのばす。左足を右足にそろえて閉じる

Ⓐを左右逆にくりかえす

腕をのばしたまま、時計回りにかけ足

なわを頭の上で回しながら、ひざを屈伸。左手は腰に

Ⓑを3回くりかえす

| 間奏 | 〈2番〉〈3番〉 | 後奏 | ラスト |

なわを4つに折って両手で持ち、両腕を左後ろへのばす

1番と同じ

なわを足で踏んで準備

両手を広げてなわをピンと張り、胸を張ってポーズ

普段の保育で①

なわとびの練習をするときに、「忍者の修行、ステップ１」と称したり、「お師匠さまからの指令が届いた」と言ったりして、修行気分を出していきましょう。忍者になりきって踊ることができます。

普段の保育で②

なわとびは、少しずつ難しいとび方ができるようになったり、長くとべるようになったりして、達成感を味わうには絶好の体験です。ほかの子と比べたりせず、その子ができるようになったことを褒めてください。子どもは達成する喜びを何度も感じ、自分に自信を持ち、生きる力をつけていきます。

まわせ！まわせ！バルーン！

5歳児 ● バルーン　BGM ♪ まわせ！まわせ！　CD ● 6　楽譜 ● P.58

用意するもの バルーン

12拍
（GO！GO！GO！）

バルーンの真ん中で輪になり、
外側を向いてしゃがんで待つ

4拍
（Woo WA！）

立ちあがり、
バンザイをする

16拍
（GO！〜 Woo WA！　きみの）

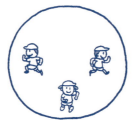

バルーンの外へ走り、
バルーンを持つ

16拍
（いばしょがわかるように
〜　イエイ！）

バルーンを持って立ち、
縦にバタバタする（大波）

24拍（こころのじゅんびは
〜　スリー・トゥー・ワン！
GO！）

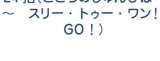

片ひざをつき、
横にゆらす（横波）

16拍
（まわせ！まわせ！たかく
〜　GO！GO！GO！GO！）

バンザイをして山をつくり、
バルーンの内側に入る

16拍
（まわせ！まわせ！たかく
〜　GO！GO！GO！GO！）

おしりでバルーンを
おさえる（おうち）

16拍（間奏）

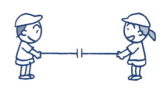

バルーンから出て、
バルーンを持って立ち、準備

32拍（間奏）

手を持ち替えて、
時計回りに歩く

76拍
（きみの気持ちがわかるように
〜　スリー・トゥー・ワン！
GO！）

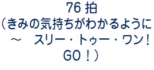

A をくりかえす

16拍
（まわせ！まわせ！たかく
〜　GO！GO！GO！GO！）

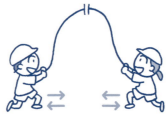

中心に向かって走って、
もどる（パラシュート）

16拍
（まわせ！まわせ！たかく
〜　GO！GO！GO！GO！）

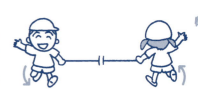

左手でバルーンを持ち、
反時計回りに走る

元気な曲に乗せ、楽しい気もちがみんなに伝わるように、バルーンをまわそう！

8拍	8拍	4拍	16拍
（空からも　宇宙からも）	（きみがわかるように）	（ヘイ　ヘイ　ヘイ　ヘイ！）	（エネルギー　OK！〜　OK！）

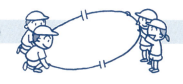

右半分の子が立ち、左半分の子がしゃがむ

右半分の子がしゃがみ、左半分の子が立つ

バルーンを引っぱって持ち、準備

両手でバルーンを持ち、反時計回りに歩く

76拍	16拍	16拍	32拍（間奏）
（きみの元気がわかるように　〜　スリー・トゥー・ワン！GO！）	（まわせ！まわせ！たかく　〜　GO！GO！GO！GO！）	（まわせ！まわせ！たかく　〜　GO！GO！GO！GO！）	

Aをくりかえす

バンザイをして山をつくり、バルーンを下に置く。保育者はこのときに中に入る（メリーゴーラウンドの準備）

バルーンの端に乗って外側を向き、両手をあげてキラキラする

メリーゴーラウンドで反時計回りに歩く

16拍	16拍	32拍（後奏）
（まわせ！まわせ！たかく　〜　GO！GO！GO！GO！）	（まわせ！まわせ！たかく）	

片ひざをつき、横にゆらす（横波）

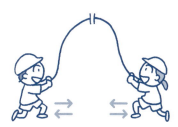

中心に向かって走って、もどる（パラシュート）

バルーンの上に乗り、輪になって外を向き、手をあげてポーズ。外側の輪の子はしゃがむ

| 2歳児●親子 | BGM♪にゃ～お　CD●7　楽譜●P.60 | 制作アイデア●P.6 |

こねこのお散歩

競技の手順

スタート　親子で手をつないでスタート。
1. 子どもがねこじゃらしをひとつ取る。
2. マットゾーンでは親が四つ這いになり、子どもが親の上に乗ってマットを進む（または、おんぶのようにくっつく）。
3. フープゾーンでは手をつなぎ、子どもが足をそろえてジャンプで進む。
4. そのまま走ってゴール。

用意するもの

◆**コースに置くもの**
ねこじゃらし、マット、フープ

ねこじゃらし

| 2歳児・親子 | BGM♫ カピバラ天国　CD●4　楽譜●P.54 | 制作アイデア●P.7 |

カピバラの冒険

競技の手順

スタート　親子ともにカピバラのお面をつけ、手をつないでスタート。
1. ほら穴トンネルをくぐる。
2. 山を歩いて越える。
3. くだものエリアまで進み、親が子どもを抱っこして、子どもが好きなくだものをひとつ取る。
4. 子どもがくだものを首にかけ、手をつないでゴール。

用意するもの

◆**親子で身につけるもの**
カピバラのお面
◆**コースに置くもの**
ほら穴（段ボールで作る）、
とび箱、マット、くだもの、
くだものを吊るすポール

ほら穴トンネル

大きめの段ボールを筒状にして使う（2個つなげてもよい）。段ボール板などに固定すると安定する。

3歳児●個人　BGM♪にゃ～お　CD●7　楽譜●P.60　制作アイデア●P.6

どの動物が好き？

競技の手順

スタート　3列（各レーン）に分かれて並ぶ。

1. 合図で変身ゾーン❶まで走り、耳（または鼻）をつける。
2. 草原ゾーンをジグザグに走り、変身ゾーン❷でしっぽをつける。
3. そのまま進み、それぞれ障害物（ワン・レーンはゴムひもをジャンプで跳び越える。ピョン・レーンは両足をそろえてフープをジャンプで進む。ブー・レーンは平均台をおしりで進む）をクリアしてゴール。

用意するもの

◆**子どもが身につけるもの**
ウサギの耳としっぽ、イヌの耳としっぽ、ブタの鼻としっぽ

◆**コースに置くもの**
耳、鼻、しっぽを置く台、草、ゴムひも、コーン、フープ、平均台

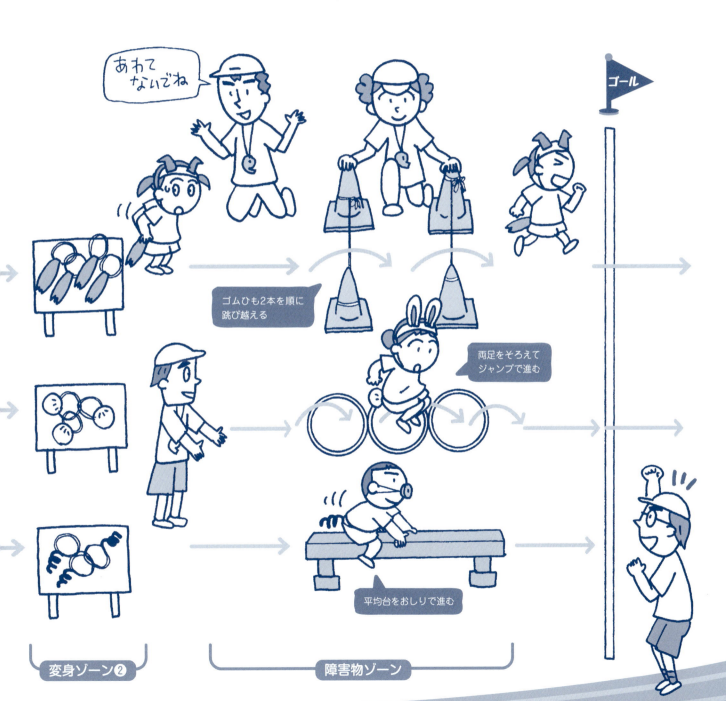

おにぎりにぎってGO！

3歳児・団体 | **BGM♪ やっぱノリノリー！** | **CD●9 楽譜●P.64**

競技の手順

スタート チームに分かれてペアで並ぶ。ふたりでカゴを持ち、合図でスタート。

1. ごはんゾーンで好きなごはんを1個とってカゴに入れる。
2. のりゾーンでのりを1枚とってごはんに貼り、おにぎりにしてカゴに入れる。
3. お皿ゾーンでおにぎりを皿にのせ、スタートラインに戻って次のペアにカゴを渡す。先にすべてのペアが走り終わったチームの勝ち。

用意するもの

◆ **子どもが持つもの**
持ち手のついたカゴ

◆ **コースに置くもの**
積み木（ごはん）、積み木を置く台、のり（両面テープをつけた紙）、のりをぶら下げるポール、大皿、大皿をのせる台

ごはんに見立てた積み木。丸めた紙や、紙粘土で作っても◎

はい交代だよー！

ごはんゾーン

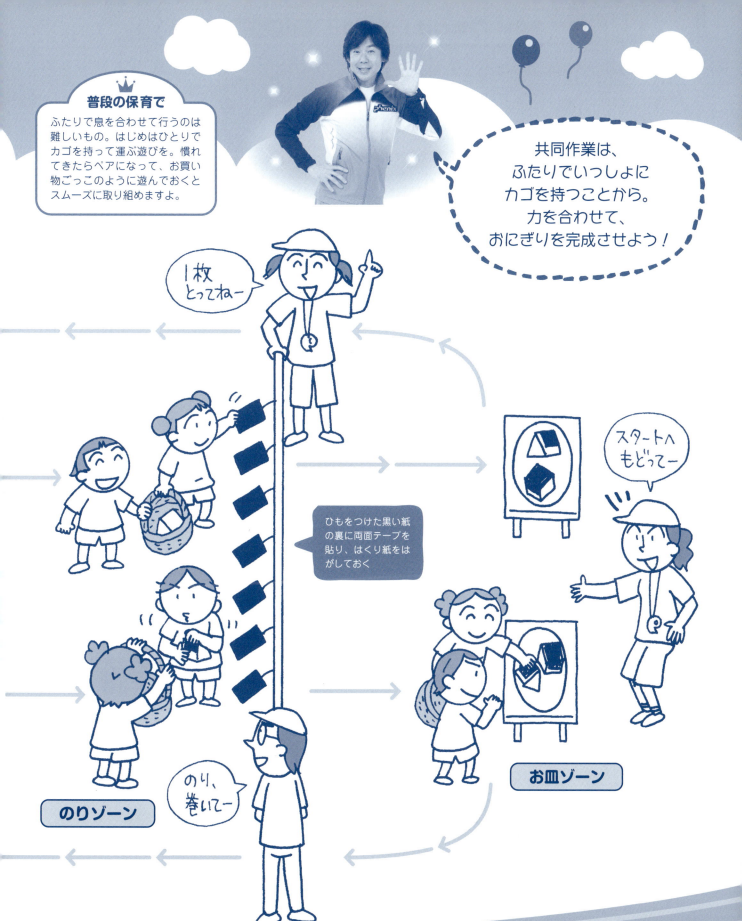

| 3歳児・親子 | BGM♪まわせ！まわせ！ CD・6 楽譜・P.58 |

ぐるぐるパークへようこそ！

競技の手順

スタート 親子で手をつないでスタート。

1. コーヒーカップゾーンに進み、反時計回りに1周半する。
2. メリーゴーラウンドゾーンに進み、親子うま（親が子どもの肩に手をかけて前後につながる）になって、時計回りに1周半する。
3. 観覧車ゾーンに進み、親が子どもを抱き上げて1周半する。そのままゴールへ。

用意するもの

◆コースに置くもの
コーヒーカップ、メリーゴーラウンド、観覧車（それぞれコーンにつける）

手をつないで、反時計回りに1周半

コーヒーカップゾーン

各コースのシンボルはコーンなどを利用して作る

各シンボルの周りを、親子で一緒にぐるりと1周半。回る方向に注意しながら進んでね！

普段の保育で

友だち同士でペアになって、遊具などの周りを回ってみるといいでしょう。保育室や園庭を遊園地に見立てて楽しく遊びましょう。

親子で前後につながって、時計回りに1周半

メリーゴーラウンドゾーン

親が子どもを抱き上げて、反時計回りに1周半

観覧車ゾーン

ゴール

memo

競技場が広い場合は、チームごとにコースを作ってもよい。ゾーンを大きくとれない場合は、各シンボルの周りを2周半や3周半まわるルールにしてもOK。

4・5歳児●個人　BGM♪これっキリンだゾウ　CD●5　楽譜●P.56　制作アイデア●P.7

これたべるんだぞう

競技の手順

スタート　チームごとに列に並び、それぞれクマ、キリン、ゾウのかぶりものをかぶってスタート。

1. 合図で走り、草ゾーンで草を跳び越えて進む。
2. フープゾーンでフープの周りを1周半まわり、エサゾーンで、かぶりものの動物に合わせたエサを1個とる。
3. 平均台を渡り、エサをかごに入れてゴール。

用意するもの

◆子どもが身につけるもの
動物のかぶりもの（クマ、キリン、ゾウ）

◆コースに置くもの
草、フープ、
動物のエサ（サカナ、クサ、リンゴ）、
エサを置くシート、平均台、
エサを入れるカゴ

草ゾーン

フープゾーン

エサはランダムに置いてもよい

おしりで進んでもいいよー

エサゾーン

エサを持って平均台を渡るのが難しい場合は、おしりで進んでもよい。

平均台ゾーン

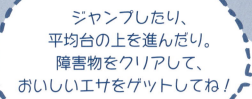

ジャンプしたり、平均台の上を進んだり。障害物をクリアして、おいしいエサをゲットしてね！

制作のヒント

段ボールを三角に折り、色画用紙を貼る。

普段の保育で

走る、ジャンプで跳び越える、平均台を渡る、など色々な動きがあります。それぞれの動きを意識して、遊びにとりいれてみましょう。

4・5歳児　団体　BGM ♫ ソーレソレソレ！　CD 8　楽譜 P.62

タコイカソレソレ！

競技の手順

スタート 2チームに分かれて各サークル内にペアになって並ぶ。
1. 合図で第一走者のペアがタコイカを持ってサークルの周りを走る。
2. 1周したら、次のペアにタコイカを渡す。先に全部のペアが走り終わったチームの勝ち。

用意するもの

◆ **子どもが持つもの**
タコイカ（レジ袋とすずらんテープで作る）

制作ヒント

レジ袋に、1m程度に切ったすずらんテープ2〜3本をセロハンテープで貼る。レジ袋の持ち手をつかんで走る。

チームカラーのすずらんテープ

いいよー

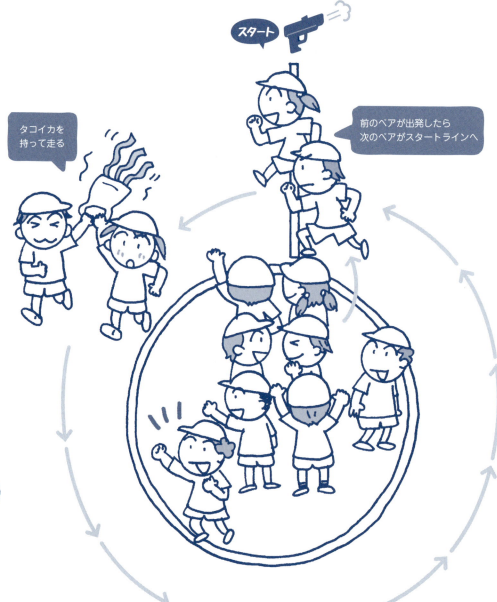

スタート

タコイカを持って走る

前のペアが出発したら次のペアがスタートラインへ

普段の保育で

縄跳びやすずらんテープを持って走る遊びをするとイメージがつかめます。また、4・5歳児混合競技にする場合は、異年齢でかかわりあう時間を作り、2人で一緒に走ったり、協力する遊びも行っておくとよいでしょう。

風を受けてふくらむタコイカが、チームのバトン。ひらひらのテープをたなびかせて、元気よく走ろう！

memo

4歳児、5歳児の異年齢ペアにしてもよい。4歳児、5歳児混合のリレーにする場合は、同じ年齢同士のペアにして、4歳児ペアを半周、5歳児ペアを1周にすると、差がついたり縮んだりして盛り上がる。

4・5歳児　親子　　BGM♪やっぱノリノリー！　CD●9　楽譜●P.64

のりまきいっちょう！

競技の手順

スタート ▶ 親子でペアになって、合図でスタート。

1. のれんをくぐり、のりまきゾーンで子どもが親を転がすようにして体にのりを巻きつける。
2. カードゾーンで子どもはカードを拾ってめくる。その間に親は完成ゾーンへ進む。
3. 子どもは、カードに書かれたすしネタの色のフープを手に持ち、完成ゾーンで待つ親にすしネタを言いながら投げる。親がその輪をくぐったら（または体を通す）ふたりでお立ち台に進み、カードに書かれたすしネタの名前と「いっちょう！」を、一緒に叫んでフィニッシュ。

用意するもの

◆コースに置くもの

のれん、マット、のり（色画用紙）、すしのネタの名前を書いたカード、フープ、とび箱

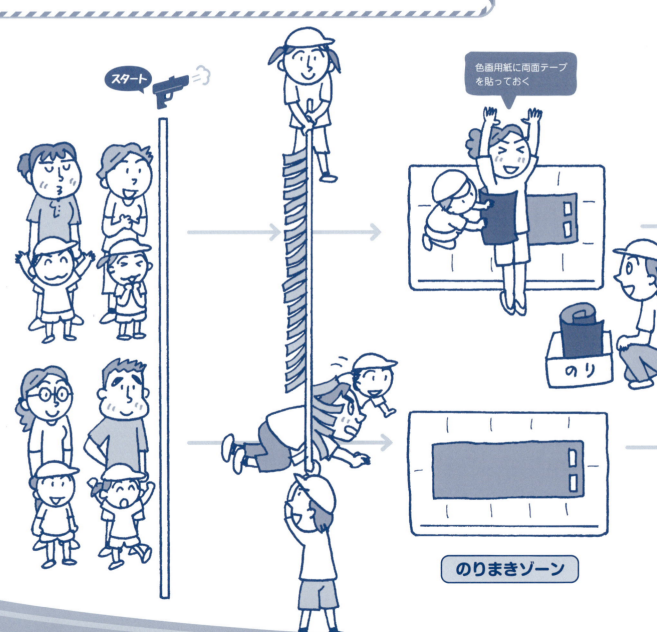

普段の保育で
子どもたちでふたり組を作り、大人役と子ども役を決めて、横転したり、フープ遊びなどを行っておくとよいでしょう。

すし職人は子どもたち。お父さんお母さんの体にのりを巻いておすしを完成させよう！

たまご	➡	黄色いフープ
きゅうり	➡	緑（青）のフープ
まぐろ	➡	赤のフープ

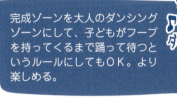

memo
完成ゾーンを大人のダンシングゾーンにして、子どもがフープを持ってくるまで踊って待つというルールにしてもOK。より楽しめる。

 ゴール

子どもがカードをめくり、親は先に進む

カードゾーン

まぐろ！
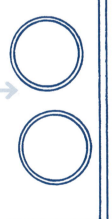

輪投げゾーン

まぐろいっちょう

投げた輪に体が通らなくても、手を使ってくぐればOK

完成ゾーン

お立ち台

ゴール!!

5歳児・団体　BGM♪まわせ！まわせ！　CD●6　楽譜●P.58

おとなりへ ハイ！ 皿送りリレー

競技の手順

スタート　各チーム6人1組になり、6つの枠にひとりずつ入る（①②③④⑤⑥）。

1　合図で出走枠（①の走者）がスタートし、皿ゾーンに走る。②の走者が空いた出走枠に入り、ほかの4人も1枠ずつ横に移動して入場枠を空けておく。

2　走者（①）は皿ゾーンで皿を1枚持って入場枠に入り、となりの枠の人（⑥）に皿を手渡す。以降、⑥⑤④③②の流れで皿を送る。

3　出走枠（②の走者）に皿が到着したら出走。テーブルに皿を置き、皿ゾーンに走って皿を1枚取る。次の走者（③）が空いた出走枠に入り、ほかの4人も1枠ずつ横に移動して入場枠を空ける。走者（②）が入場枠に入り、皿を送る。これをくり返す。

4　アンカー（⑥の走者）が出走し、皿を持って入場枠に入ったら最後の皿送り。⑥⑤④③②①で皿を送り、①の走者がテーブルに皿を置いてフィニッシュ。先に6枚の皿をテーブルに送り終わったチームの勝ち。

用意するもの

◆コースに置くもの
皿、皿を置く机

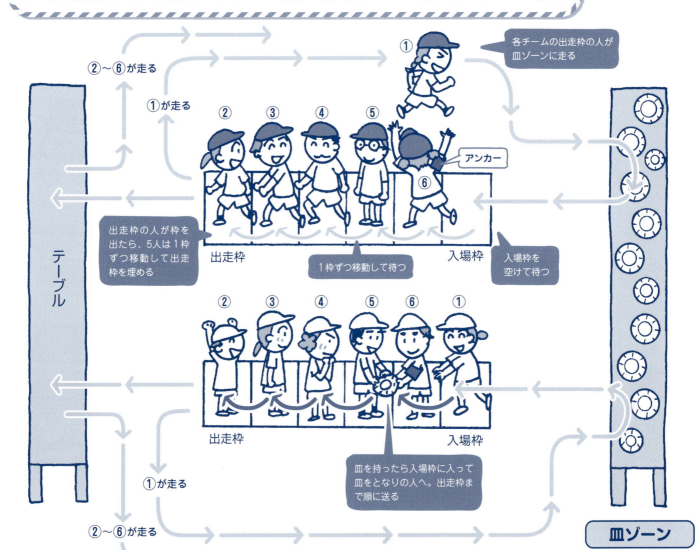

普段の保育で
はじめはハンカチや積み木などの身近なものを使って、数人で送るリレーをしてみましょう。最初は少ない人数から、徐々に人数を増やしていくといいでしょう。

手から手へ、みんなで協力しながら皿を送る競技は、仲間との結束が深まっている年長さんならでは。声をかけ合いながら、リズミカルに皿を送ってね!

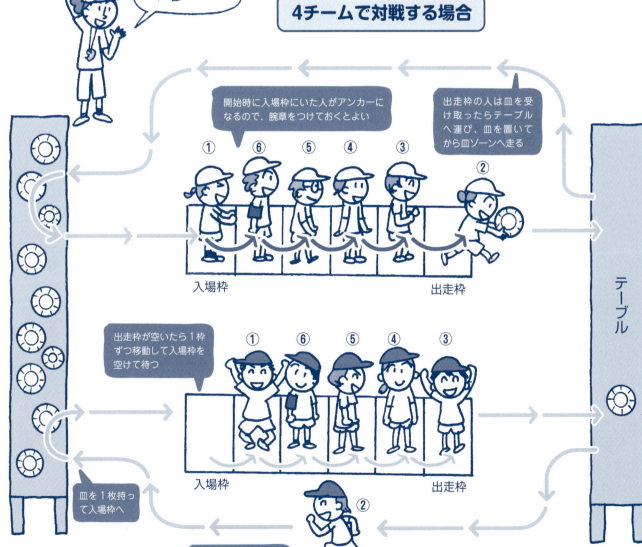

4チームで対戦する場合

3～5歳児 ● 団体　BGM♪これっキリンだゾウ　CD●5　楽譜●P.56

鈴の中からこんにちは！

競技の手順

スタート 各年齢に分かれて、それぞれの鈴のまわりでスタンバイ。
合図で、各チームの鈴に玉をぶつけて割る。鈴がいちばん早く割れたチームの勝ち。

用意するもの

◆**コースに置くもの**
鈴割りの鈴と台、鈴割り用の玉

鈴の高さは年齢ごとに差をつける

鈴にはチーム名を入れる

クマチーム（3歳）

制作ヒント

割れたときに動物の顔が出るようにすると盛り上がる。
（絵柄見本はP.70）

memo
鈴の高さに差をつけるほか、各チームのサークルの大きさに差をつけてもよい。また、玉の大きさを変えたり、ボールを使ってもおもしろい。

異年齢競技は、年齢別に少しずつ難易度を調整するのがポイント。事前に何度も遊んでみて、ベストな鈴の高さを決めておこう！

普段の保育で

玉を投げる遊びのほか、鈴割りの玉を使って的当て遊びをしてみましょう。的の高さを少しずつ高くしてみるといいでしょう。

鈴の位置をクマチームより高くする

ゾウチーム（4歳）

鈴の位置をゾウチームより高くする

キリンチーム（5歳）

保護者・団体　BGM♪にゃ〜お　CD●7　楽譜●P.60

鳴き声 de マッチング♡

競技の手順

スタート　いぬ、ねこ、うさぎの絵をランダムに保護者に配り、それぞれ背中に貼ってエリア内にスタンバイ。

1　曲がかかったら自由にエリア内を動き回る。エリア内では、自分の背中に貼ってある動物の鳴き声（跳ぶ音）だけを発することができる（いぬ＝ワンワン、ねこ＝にゃんにゃん、うさぎ＝ぴょんぴょん）。

2　曲が止まったらマッチングタイム。保育者の指示でトリオまたはペアを作る。

3　時間を決めて行い、時間切れになったり、マッチングできなかったら脱落。最後まで残った人（ペア、トリオ）がチャンピオン！

用意するもの

◆コースに置くもの
保護者の背中に貼る絵

自分の発する擬音語が頼りのマッチング・ゲーム！恥ずかしさが吹き飛ぶくらいの声援で、お父さんお母さんを盛り上げてね！

バラバラのトリオ（ペア）
動物が重ならないように、トリオ（ペア）を作る。

いっしょのペア（トリオ）
同じ動物同士でペア（トリオ）を作る。

背中の動物の鳴き声（跳ぶ音）だけ発することができる

memo
トリオ、ペアの指示は、人数を見ながら臨機応変に。制限時間を少しずつ短くしていくとハラハラ感がアップ！

動物の絵はランダムに配る

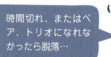

時間切れ、またはペア、トリオになれなかったら脱落…

3章 プレミアムピアノ！

★ CD●12 CDマーク内の番号は、キングレコードより発売のCD「プレミアム運動会！」のトラックナンバーです。CDに関する詳細は、72ページをご覧ください。

うんどうかいのうた

CD 3

作詞・作曲／谷口國博
編曲／本田洋一郎

Point
運動会のはじめに全員で元気よく歌う曲です。やさしい伴奏ですが、子どもたちの歌をひきたたせるためにはテンポが速くならないように注意するのがコツです。

♩=118 Original Key=D

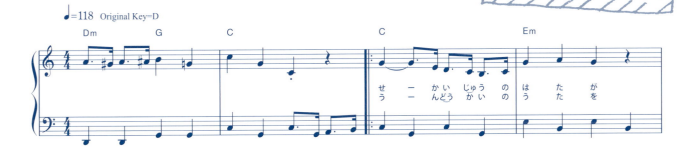
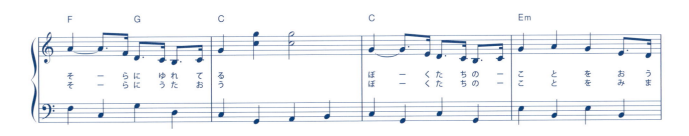

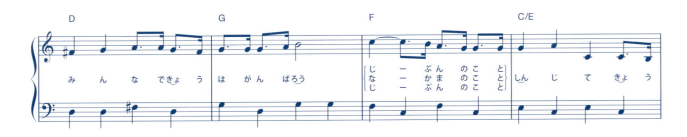

カピバラ天国

CD 4　ダンス P.14　競技 P.32

作詞／佐藤弘道・谷口國博
作曲／谷口國博
編曲／本田洋一郎

Point

昭和を連想させるテンポの速い軽快な曲です。右ページの左右2オクターブユニゾンは頭の中で四分音符のカウベルを鳴らして縦ノリ感を出しましょう。

これっキリンだゾウ

作詞／佐藤弘道・谷口國博
作曲／谷口國博
編曲／本田洋一郎

Point

決して速くはない16ビートの心地いいグルーブの曲です。前半は横ノリで小気味よく、右ページのサビはフォルテで激しい感じに切り替えて盛り上げましょう。

まわせ！まわせ！

CD•6 ダンス•P.18 競技•P.28、P.38、P.46

作詞／佐藤弘道・谷口國博
作曲／谷口國博
編曲／本田洋一郎

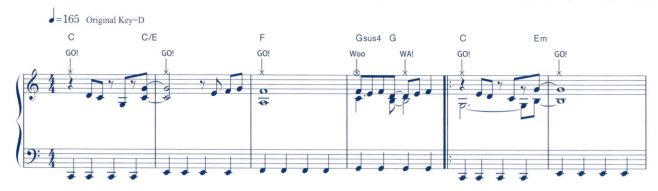
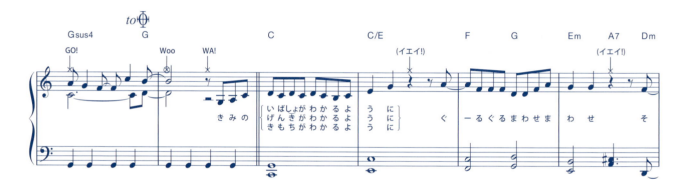
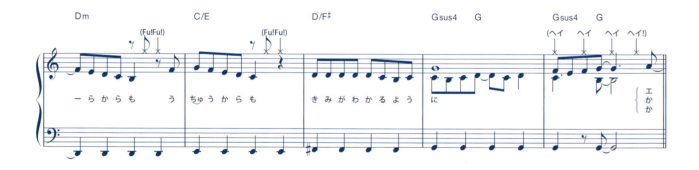

Point

明るく元気な8ビートのロックです。伴奏は四分音符が主ですがときおり出てくる八分音符のシンコペーションをしっかりとキメてアクセントをつけましょう。

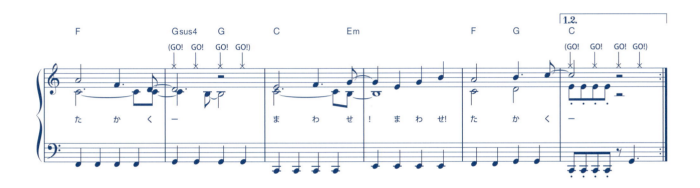

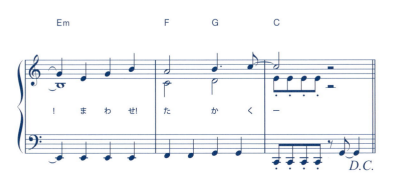

にゃ〜お

作詞／佐藤弘道
作曲／谷口國博
編曲／本田洋一郎

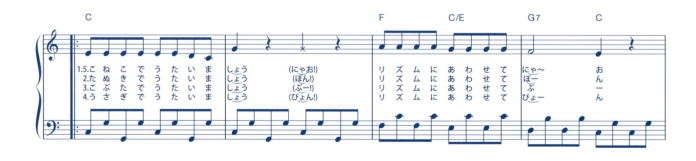

Point
かわいらしいしぐさが目に浮かぶ曲です。メロディーの八分音符は少しだけスタッカート気味に弾くとかわいらしさが出ます。曲終わりの和音は特にやさしく。

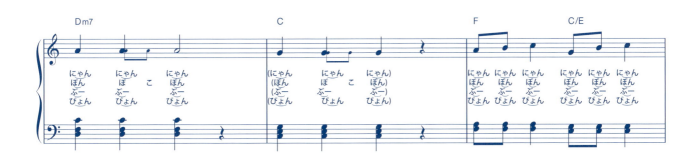

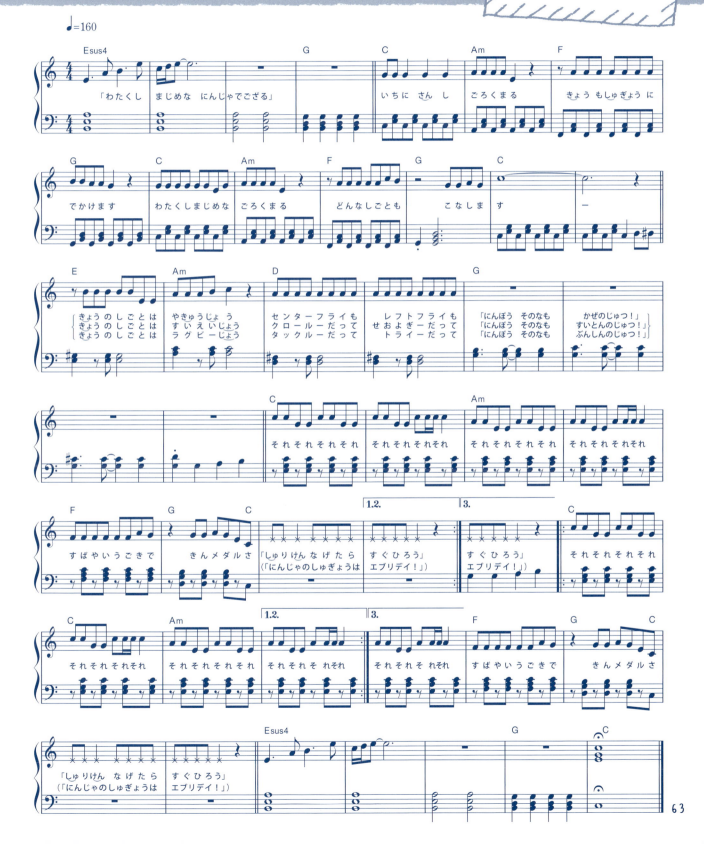

Point

2音の低音域は力強いギターのように、3段目の分散和音はピチカートのようにかわいく、サビのオクターブはベースとドラムのようにビートを効かせましょう。

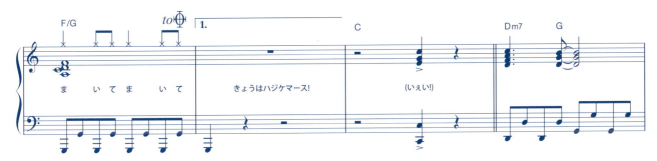

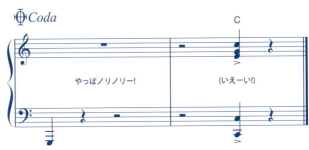

そんな笑顔が大好き

作詞／佐藤弘道・谷口國博
作曲／谷口國博
編曲／本田洋一郎

ありがとう！

作詞・作曲／谷口國博
編曲／本田洋一郎

Point

P.12のように間奏にセリフを入れるときは、D.S.で6段目の2小節目に飛んで弾いてください。後奏を長くしたいときは、Codaの2小節をくりかえし弾いてください。

運動会小物の型紙

☆使いたい大きさに拡大コピーしてください。

年齢別さくいん

●5歳児●
- <ダンス>（入場行進）前をむいて ……………………………… 11
- <ダンス>（準備体操）カピバラ天国 …………………………… 14
- <ダンス>まわせ！まわせ！ …………………………………… 18
- <ダンス>やっぱノリノリー！ ………………………………… 20
- <ダンス>（親子あそび）ソーレソレソレ！ …………………… 24
- <競　技>（なわとび）忍者のなわとび修行 …………………… 26
- <競　技>（バルーン）まわせ！まわせ！バルーン！ ………… 28
- <競　技>（個人）これたべるんだぞう ………………………… 40
- <競　技>（団体）タコイカソレソレ！ ………………………… 42
- <競　技>（親子）のりまきいっちょう！ ……………………… 44
- <競　技>（団体）おとなりへ　ハイ！皿送リリレー ………… 46
- <競　技>（団体）鈴の中からこんにちは！ …………………… 48

●4歳児●
- <ダンス>（入場行進）前をむいて ……………………………… 11
- <ダンス>（準備体操）カピバラ天国 …………………………… 14
- <ダンス>まわせ！まわせ！ …………………………………… 18
- <ダンス>やっぱノリノリー！ ………………………………… 20
- <ダンス>（親子あそび）ソーレソレソレ！ …………………… 24
- <競　技>（個人）これたべるんだぞう ………………………… 40
- <競　技>（団体）タコイカソレソレ！ ………………………… 42
- <競　技>（親子）のりまきいっちょう！ ……………………… 44
- <競　技>（団体）鈴の中からこんにちは！ …………………… 48

●3歳児●
- <ダンス>（入場行進）前をむいて ……………………………… 11
- <ダンス>（準備体操）カピバラ天国 …………………………… 14
- <ダンス>これっキリンだゾウ ………………………………… 16
- <ダンス>やっぱノリノリー！ ………………………………… 20
- <ダンス>（親子あそび）ソーレソレソレ！ …………………… 24
- <競　技>（個人）どの動物が好き？ …………………………… 34
- <競　技>（団体）おにぎりにぎってGO！ …………………… 36
- <競　技>（親子）ぐるぐるパークへようこそ！ ……………… 38
- <競　技>（団体）鈴の中からこんにちは！ …………………… 48

●2歳児以下●
- <ダンス>（入場行進）前をむいて ……………………………… 11
- <ダンス>（準備体操）カピバラ天国 …………………………… 14
- <ダンス>（親子あそび）にゃ～お …………………………… 22
- <ダンス>（親子あそび）ソーレソレソレ！ …………………… 24
- <競　技>（親子）こねこのお散歩 ……………………………… 30
- <競　技>（親子）カピバラの冒険 ……………………………… 32

●保護者●
- <競　技>（団体）鳴き声 de マッチング♡ …………………… 50

曲別さくいん

★CDトラックナンバーは、キングレコードより発売の「プレミアム運動会！」（別売）に準拠しております。

■前をむいて ……………………………………… CD●2
- <ダンス>（入場行進）前をむいて ……………………………… 11
- <ピアノ>（楽譜） ………………………………………………… 52

■うんどうかいのうた …………………………… CD●3
- <ピアノ>（楽譜） ………………………………………………… 53

■カピバラ天国 …………………………………… CD●4
- <ダンス>（準備体操）カピバラ天国 …………………………… 14
- <競　技>（2歳児／親子）カピバラの冒険 …………………… 32
- <ピアノ>（楽譜） ………………………………………………… 54

■これっキリンだゾウ …………………………… CD●5
- <ダンス>（3歳児）これっキリンだゾウ ……………………… 16
- <競　技>（4・5歳児／個人）これたべるんだぞう …………… 40
- <競　技>（3～5歳児／団体）鈴の中からこんにちは！ ……… 48
- <ピアノ>（楽譜） ………………………………………………… 56

■まわせ！まわせ！ ……………………………… CD●6
- <ダンス>（4・5歳児）まわせ！まわせ！ ……………………… 18
- <競　技>（5歳児／バルーン）まわせ！まわせ！バルーン！… 28
- <競　技>（3歳児／親子）ぐるぐるパークへようこそ！ ……… 38
- <競　技>（5歳児／団体）おとなりへ　ハイ！皿送リリレー … 46
- <ピアノ>（楽譜） ………………………………………………… 58

■にゃ～お ………………………………………… CD●7
- <ダンス>（0・1・2歳児／親子）にゃ～お …………………… 22
- <競　技>（2歳児／親子）こねこのお散歩 …………………… 30
- <競　技>（3歳児／個人）どの動物が好き？ ………………… 34
- <競　技>（保護者／団体）鳴き声 de マッチング♡ ………… 50
- <ピアノ>（楽譜） ………………………………………………… 60

■ソーレソレソレ！ ……………………………… CD●8
- <ダンス>（全園児／親子）ソーレソレソレ！ ………………… 24
- <競　技>（4・5歳児／団体）タコイカソレソレ！ …………… 42
- <ピアノ>（楽譜） ………………………………………………… 62

■やっぱノリノリー！ …………………………… CD●9
- <ダンス>（3・4・5歳児）やっぱノリノリー！ ……………… 20
- <競　技>（3歳児／団体）おにぎりにぎってGO！ …………… 36
- <競　技>（4・5歳児／親子）のりまきいっちょう！ ………… 44
- <ピアノ>（楽譜） ………………………………………………… 64

■そんな笑顔が大好き …………………………… CD●10
- <ピアノ>（楽譜） ………………………………………………… 66

■ありがとう！ …………………………………… CD●11
- <アイデア>プレミアム閉会式 ………………………………… 12
- <ピアノ>（楽譜） ………………………………………………… 68

■前をむいて（手持ち楽器ぬきキッズver.） … CD●12
- <アイデア>プレミアム入場行進 ……………………………… 10

■まじめ忍者！（インストver.） ……………… CD●13
- <競　技>（5歳児／なわとび）忍者のなわとび修行 ………… 26
- <ピアノ>（楽譜） ………………………………………………… 63

Contents

作って盛り上げよう！
- ①プレミアム　フラッグ ……………………… 2
- ②プレミアム　メダル＆カップ ………………… 4
- ③プレミアム　競技アイテム　にゃ〜お ……… 6
  - カピバラ天国／これっキリンだゾウ ………… 7
- ④プレミアム　鳴りもの ………………………… 8

今年はひと味ちがう！
- ①プレミアム　入場行進！前をむいて ………… 10
- ②プレミアム　閉会式　ありがとう！ ………… 12

●1章● プレミアムダンス！
- 準備体操　　　　　　カピバラ天国 ……………… 14
- 3歳児ダンス　　　　　これっキリンだゾウ ……… 16
- 4・5歳児ダンス　　　まわせ！まわせ！ ………… 18
- 3・4・5歳児ダンス　 やっぱノリノリー！ ……… 20
- 0・1・2歳児親子あそび　にゃ〜お ……………… 22
- 全園児親子あそび　　ソーレソレソレ！ ………… 24

●2章● プレミアム競技！
- 5歳児なわとび　　　忍者のなわとび修行 ……… 26
- 5歳児バルーン　　　まわせ！まわせ！バルーン！ … 28
- 2歳児親子　　　　　こねこのお散歩 …………… 30
- 2歳児親子　　　　　カピバラの冒険 …………… 32
- 3歳児個人　　　　　どの動物が好き？ ………… 34
- 3歳児団体　　　　　おにぎりにぎってGO！ …… 36
- 3歳児親子　　　　　ぐるぐるパークへようこそ！ … 38
- 4・5歳児個人　　　これたべるんだぞう ……… 40
- 4・5歳児団体　　　タコイカソレソレ！ ……… 42
- 4・5歳児親子　　　のりまきいっちょう！ …… 44
- 5歳児団体　　　　　おとなりへ　ハイ！皿送りリレー … 46
- 3〜5歳児団体　　　鈴の中からこんにちは！ … 48
- 保護者団体　　　　　鳴き声 de マッチング♡ … 50

●3章● プレミアムピアノ！
- 前をむいて ……………………………………… 52
- うんどうかいのうた …………………………… 53
- カピバラ天国 …………………………………… 54
- これっキリンだゾウ …………………………… 56
- まわせ！まわせ！ ……………………………… 58
- にゃ〜お ………………………………………… 60
- ソーレソレソレ！ ……………………………… 62
- まじめ忍者！ …………………………………… 63
- やっぱノリノリー！ …………………………… 64
- そんな笑顔が大好き …………………………… 66
- ありがとう！ …………………………………… 68

- 運動会小物の型紙 ……………………………… 70
- 年齢別さくいん／曲別さくいん ……………… 71

CDも好評発売中！

ひろみち＆たにぞうの プレミアム運動会！

発売元／キングレコード株式会社
1080707　KICG8370
定価2,407円＋税

★CDのお問い合わせは、
キングレコード　ストラテジックマーケティング本部（TEL03-3945-2123）
または世界文化社販売マーケティング部（TEL03-3262-5128）までお願い致します。

（著者紹介）

佐藤弘道（さとうひろみち）　日本体育大学体育学部卒業後、1993年4月よりNHK「おかあさんといっしょ」第10代目体操のおにいさんを12年間務める。2002年有限会社エスアールシーカンパニーを設立し、子どもから指導者までの運動指導、講演会など全国で活動。弘前大学大学院医学研究科博士課程修了　博士（医学）、弘前大学医学部学部長講師、学校法人相模女子大学教育・文化顧問、朝日大学客員教授、タレント業、舞台、イベント、雑誌など多方面で活躍中。著書に『ひろみちお兄さんの運動あそび』、『ひろみち＆たにぞうの運動会』シリーズ、『親子でからだあそび』（以上　世界文化社）など。
http://www.sato-hiromichi.com/

谷口國博（たにぐちくにひろ／たにぞう）　東京都八王子市の保育園に5年間勤務した後、フリーの創作あそび作家になる。全国の保育園・幼稚園の先生方の講習会、親子コンサートなどで活躍中。NHK Eテレ「おかあさんといっしょ」の「ブンバ・ボーン！」の作詞・振り付け、他多数楽曲提供。沖縄県渡嘉敷村観光大使、山梨県富士河口湖町観光大使、森の親善大使としても活躍中。著書に保育図書『ひろみち＆たにぞうの運動会』シリーズ、絵本『うちのかぞく』シリーズ、エッセイ『たにぞうの一球ノーコン』（以上　世界文化社）、CD『ひろみち＆たにぞうの運動会』シリーズ（キングレコード）など。http://www.tanizou.com/

- ●著者／佐藤弘道　谷口國博
- ●振り付け／佐藤弘道　谷口國博
  　　　　　　（有）エスアールシーカンパニー　OFFICE TANIZOU（株）
- ●競技プラン／（有）エスアールシーカンパニー
- ●表紙イラスト／村上康成
- ●本文イラスト／友永たろ　山口まく
  　　　　　　　ピンクパールプランニング
- ●衣装・小道具制作／ピンクパールプランニング
- ●デザイン／ほんだあやこ
- ●楽譜浄書／高橋摩衣子　本田洋一郎　株式会社クラフトーン
- ●撮影／久保田彩子（本社写真部）
- ●制作協力／早野佳代子（キングレコード）
- ●編集協力／青木智子　木村里恵子
- ●編集企画／飯塚友紀子　塩坂北斗

2017年5月5日　初版第1刷発行

著　者／佐藤弘道　谷口國博
発行者／髙林祐志
発　行／株式会社世界文化社
　　　　〒102-8187　東京都千代田区九段北4-2-29
電　話／03-3262-5115(在庫についてのお問い合わせ：販売部)
　　　　03-3262-5474(内容についてのお問い合わせ：編集部)
印刷・製本／図書印刷株式会社

©Hiromichi Sato, Kunihiro Taniguchi 2017 Printed in Japan
ISBN978-4-418-17715-8　JASRAC出1703169-701
ホームページ　http://www.pripricafe.jp／
無断転載・複写を禁じます。
定価はカバーに表示してあります。
落丁・乱丁のある場合はお取り替えいたします。